Überlieferte Sprache und technische Sprache

MARTIN HEIDEGGER

ÜBERLIEFERTE SPRACHE UND TECHNISCHE SPRACHE

Herausgegeben von Hermann Heidegger

ERKER

Vorbemerkung
Die dem Thema zugrundeliegenden Sachverhalte sind so vielgestaltig, daß im Vortrag nur Weniges besprochen werden kann. Er soll auch nur dazu dienen, ein Anlaß zur Aussprache zu sein. Und diese wiederum soll nicht belehren, sondern lehren: d. h. lernen lassen. Das Lehren ist schwerer als das Lernen. Der rechte Lehrer ist den Schülern einzig darin voraus, daß er noch weit mehr zu lernen hat als sie, nämlich das Lernenlassen. (Lernen: Das Tun und Lassen zu dem in die Entsprechung bringen, was sich uns jeweils an Wesenhaftem zuspricht.)

Der Titel des Vortrags: ‹Überlieferte Sprache und technische Sprache› mag befremden. Er soll es auch, um anzudeuten, daß die darin vorkommenden Namen – Sprache, Technik, Überlieferung – solches nennen, dem eine hinreichende Bestimmung fehlt. Hinreichend wohin? Dorthin, wo wir im Durchdenken der genannten Begriffe das erfahren, was heute *ist,* was unser Dasein angeht, bedroht und bedrängt. Diese Erfahrung ist nötig. Denn, stellen wir uns blind gegenüber dem, was *ist,* und bleiben wir starr den geläufigen Vorstellungen über Technik und über Sprache verhaftet, dann entziehen oder beschneiden wir der Schule – ihrer Aufgabe und Arbeit – die bestimmende Kraft, die ihr zukommt.

‹Die Schule› – das meint das ganze Schulwesen von der Volksschule bis zur Universität. Diese ist vermutlich die heute am meisten erstarrte, in ihrer Struktur zurückgebliebene Schule. Ihr Name ‹Universität› schleppt sich nur noch als ein Scheintitel fort. Entsprechend hängt auch der Name ‹Gewerbeschule› hinter dem zurück, worauf sie mit ihrer Arbeit im Industriezeitalter bezogen ist. Auch läßt sich bezweifeln, ob die Rede von der berufsbildenden Schule, von Allgemeinbildung, überhaupt von Bildung noch die Sachverhalte trifft, die durch das technische Zeitalter geprägt werden. Nun könnte man einwenden: Was liegt schon an den Namen, es kommt auf die Sache an. Allerdings. Wie aber, wenn es für uns keine Sache und keinen hinreichenden Bezug zur Sache gäbe, ohne die ihr entsprechende Sprache und umgekehrt: keine echte Sprache ohne den rechten Sachbezug? Sogar dort, wo wir vor das Unaussprechliche gelangen, gibt es dieses nur, insofern uns die Bedeutsamkeit des Sprechens an die Grenze der Sprache bringt. Auch diese Grenze ist noch etwas Sprachliches und birgt den Bezug von Wort und Sache in sich.

So bleibt es denn nicht gleichgültig, was uns die Namen ‹Technik›, ‹Sprache›, ‹Überlieferung› sagen, wie wir sie hören, ob sich in ihnen uns das zuspricht, was heute ist, d. h. was morgen uns trifft und uns gestern schon anging. Deshalb sei jetzt der Versuch gewagt, einen Wink zur Besinnung zu geben. Inwiefern ist dies ein Wagnis? Insofern Besinnung heißt: den Sinn wecken für das Nutzlose. In einer Welt, für die nur noch das unmittelbar Nützliche gilt, die nur noch auf Steigerung der Bedürfnisse und des Verbrauchs ausgeht, dürfte ein Hinweis auf das Nutzlose alsbald ins Leere sprechen. Ein angesehener amerikanischer Soziologe, David Riesmann, ‹Die einsame Masse›[1], stellt fest, daß in der modernen Industriegesellschaft zur Sicherung ihres Bestandes das Konsumpotential den Vorrang übernehmen müsse vor dem Rohstoff-Bewältigungs- und Arbeitspotential. Die Bedürfnisse jedoch bestimmen sich nach dem, was für unmittelbar nützlich gehalten wird. Was soll und vermag bei der Vormacht des Nutzbaren noch das Nutzlose? Nutzlos in der Weise, daß sich daraus unmittelbar praktisch nichts machen läßt, ist der Sinn der Dinge. Darum wirft die Besinnung, die ihm nachsinnt, zwar keinen praktischen Nutzen ab, gleichwohl ist der Sinn der Dinge das Nötigste. Denn ohne diesen Sinn bliebe auch das Nützliche sinnlos und daher nicht einmal nützlich. Statt diese Frage für sich zu erörtern und zu beantworten, hören wir einen Text aus den Schriften des alten chinesischen Denkers Dschuang-Dsï[2], eines Schülers des Lao-Tse:

Der unnütze Baum
Hui-Dsï redete zu Dschuang-Dsï und sprach: ‹Ich habe einen großen Baum. Die Leute nennen ihn Götterbaum. Der hat einen Stamm so knorrig und verwachsen, daß man ihn nicht nach der Richtschnur zersägen kann. Seine Zweige sind so krumm und gewunden, daß man sie nicht nach Zirkel und Winkelmaß verarbeiten kann. Da steht er am Weg, aber kein Zimmermann sieht ihn an. So sind Eure Worte, o Herr, groß und unbrauchbar, und alle wenden sich einmütig von ihnen ab.›
Dschuang-Dsï sprach: ‹Habt Ihr noch nie einen Marder gesehen, der geduckten Leibes lauert und wartet, ob etwas vorüberkommt? Hin und her springt er über die Balken und scheut sich nicht vor hohem Sprunge, bis er einmal in eine Falle gerät oder in einer Schlinge zugrunde geht. Nun gibt es aber auch den Grunzochsen. Der ist

groß wie eine Gewitterwolke; mächtig steht er da. Aber Mäuse fangen kann er freilich nicht. Nun habt Ihr so einen großen Baum und bedauert, daß er zu nichts nütze ist. Warum pflanzt Ihr ihn nicht auf eine öde Heide oder auf ein weites leeres Feld? Da könntet Ihr untätig in seiner Nähe umherstreifen und in Muße unter seinen Zweigen schlafen. Nicht Beil und Axt bereitet ihm ein vorzeitiges Ende, und niemand kann ihm schaden.
Daß etwas keinen Nutzen hat: was braucht man sich darüber zu bekümmern!›

Zwei ähnliche Texte finden sich mit einigen Abwandlungen an anderer Stelle der Schrift ‹Das wahre Buch vom südlichen Blütenland›. Sie gewähren die Einsicht: Um das nutzlose braucht man sich nicht zu kümmern. Kraft seiner Nutzlosigkeit eignet ihm das Unantastbare und Dauerhafte. Daher ist es verkehrt, an das Nutzlose den Maßstab der Nützlichkeit anzulegen. Das Nutzlose hat dadurch, daß sich aus ihm nichts machen läßt, seine eigene Größe und bestimmende Macht. In dieser Weise nutzlos ist der Sinn der Dinge.

Wenn wir somit eine Besinnung wagen auf die Sachen und Sachverhalte, die durch die Namen ‹Technik›, ‹Sprache›, ‹Überlieferung› genannt sind, dann trägt ein solcher Versuch unmittelbar nichts aus für diejenigen Überlegungen, die in diesem pädagogischen Lehrgang zur praktischen Unterrichtsgestaltung angestellt werden. Indes könnte sich dem Einblick in das Nutzlose ein Gesichtskreis öffnen, der alle pädagogisch-praktischen Überlegungen ständig und allerorten bestimmt, auch dann, wenn wir nicht eigens darauf achten.

Der jetzt gewagte Versuch einer Besinnung auf das, was ‹Technik›, ‹Sprache› und ‹Überlieferung› je für sich und in ihrem Zusammenhang sind, nimmt sich zunächst aus wie eine genauere Bestimmung der entsprechenden Begriffe. Allein, die Besinnung verlangt mehr, nämlich das Umdenken der geläufigen Vorstellungen von den genannten Sachen. Dieses Umdenken geschieht nicht einer besonderen ‹Philosophie› zuliebe. Es ergibt sich aus dem Bemühen, in unserem Denken und Sagen solcher Grundworte wie ‹Technik›, ‹Sprache› und ‹Überlieferung› dem zu entsprechen, was heute *ist*. Ein einziger Vortrag kann allerdings nur Weniges und vielleicht geeignet Ausgewähltes erörtern. Das Vorgehen dabei ist einfach. Wir erläutern jeweils zuerst die geläufigen Vorstellungen über Technik, Sprache und Überlieferung. Wir fragen dann, inwiefern diese Vorstellungen hinreichen zu dem, was heute *ist*. Schließlich entnehmen wir diesen Erörterungen die Einsicht in das, was der befremdliche Titel des Vortrags sagt. Er nennt offenkundig einen gewissen Gegensatz zweier Formen von Sprache. Die Fragen drängen sich auf, welcher Art dieser Gegensatz sei, in welchem Bereich er walte, wie dieser unser eigenes Dasein angehe.

Manches von dem, was im folgenden gesagt wird, dürfte Ihnen bekannt sein. Indes gibt es im Felde des Nachdenkens und des besinnlichen Fragens nie etwas Bekanntes. Alles anscheinend Bekannte wird alsbald zum Fragwürdigen, d. h. zum Denkwürdigen.

Technik

Darüber sei ausführlicher gehandelt, weil die Technik – recht begriffen – den ganzen Bereich unserer Besinnung durchherrscht. Wenn wir heute von der Technik sprechen, dann meinen wir die moderne Maschinentechnik des Industriezeitalters. Aber inzwischen ist auch diese Kennzeichnung schon ungenau geworden. Denn innerhalb des neuzeitlichen Industriezeitalters stellt man eine erste und eine zweite technische Revolution fest. Die erste besteht im Übergang von der handwerklichen Technik und der Manufaktur zur Kraftmaschinentechnik. Die zweite technische Revolution sieht man im Aufkommen und Durchbruch der höchstmöglichen ‹Automation›, deren Grundzug durch die Regler- und Steuerungstechnik, die Kybernetik, bestimmt wird. Was hier überall der Name Technik meint, ist nicht ohne weiteres klar. Technik kann meinen: das Gesamt der vorkommenden Maschinen und Apparaturen, nur als vorhandene Gegenstände – oder im Betrieb. Technik kann heißen: die Herstellung dieser Gegenstände, welcher Herstellung der Entwurf und die Berechnung vorauf gehen. Technik kann auch besagen: die Zusammengehörigkeit des Aufgezählten in einem mit den Menschen und Menschengruppen, die an der Konstruktion, der Produktion, der Einrichtung, Bedienung und Überwachung des ganzen Maschinen- und Apparatenwesens arbeiten. Was jedoch die so im groben beschriebene Technik eigentlich ist, erfahren wir durch diesen Hinweis nicht. Aber das Feld ist – ungefähr wenigstens – abgesteckt, von dem wir sprechen, wenn wir jetzt versuchen, in einer Reihe von fünf Thesen die heute maßgebenden Vorstellungen über die moderne Technik festzuhalten.

Die Thesen seien zunächst aufgezählt. Die Erläuterung derselben folgt jedoch nicht der Reihe, sondern bespricht sie aus ihrem Zusammenhang.

Die geläufige Vorstellung meint:

1. Die moderne Technik ist ein von Menschen erdachtes und hergestelltes Mittel, d. h. Instrument zur Verwirklichung von menschlich gesetzten, im weitesten Sinne industriellen Zwecken.

2. Die moderne Technik ist als das genannte Instrument die praktische Anwendung der neuzeitlichen Naturwissenschaft.

3. Die in der modernen Wissenschaft gegründete Industrietechnik ist ein Sondergebiet innerhalb des neuzeitlichen Kulturgefüges.

4. Die moderne Technik ist die stetige, gradweise gesteigerte Fortentwicklung der alten Handwerkstechnik nach den von der modernen Zivilisation gebotenen Möglichkeiten.

5. Die moderne Technik verlangt als das gekennzeichnete menschliche Instrument, daß sie auch unter menschliche Kontrolle gebracht, daß der Mensch mit ihr als seinem eigenen Erzeugnis fertig wird.

Niemand kann die Richtigkeit der angeführten Thesen über die moderne Technik bestreiten. Denn jede der Aussagen läßt sich durch die Tatsachen belegen. Aber es bleibt fraglich, ob dieses Richtige schon hinreicht in das Eigenste der modernen Technik, d. h. in jenes, was sie im vorhinein und durchgängig bestimmt. Das gesuchte Eigentliche der modernen Technik muß erkennen lassen, inwiefern, d. h. ob und wie das in den fünf Thesen Ausgesagte zusammengehört.

Zwar zeigt sich dem aufmerksamen Blick bereits in den angeführten Thesen, daß die geläufigen Vorstellungen von der modernen Technik sich um einen Grundzug versammeln. Er läßt sich durch zwei aufeinander angewiesene Momente kennzeichnen:

Die moderne Technik gilt wie jede frühere Technik als etwas Menschliches, vom Menschen für den Menschen erfunden, vollzogen, entwickelt, gelenkt und gesichert. Um den anthropologischen Charakter für die moderne Technik zu bestätigen, genügt der Hinweis darauf, daß sie in der neuzeitlichen Naturwissenschaft gegründet ist. Die Wissenschaft verstehen wir als eine Aufgabe und Leistung des Menschen. Das Selbe gilt im erweiterten und umfassenden Sinne von der Kultur, als deren Teilbezirk die Technik betrieben wird. Die Kultur wiederum hat die Pflege, die Entfaltung und die Wahrung der Menschlichkeit des Menschen zum Ziel, die Humanität. Hier hat dann die viel verhandelte Frage ihr Feld: Ob überhaupt, und wenn ja, in welchem Sinne die Ausbildung in der Technik und somit diese selbst zur Menschheitsbildung etwas beitrage oder aber, ob sie diese gefährde und verwirre.

Mit der anthropologischen Vorstellung von der Technik ist zugleich das andere Moment gesetzt. Wir nennen es das instrumentale. Das lateinische Zeitwort instruere besagt: an- und aufeinanderschichten, aufbauen, ordnen, gehörig einrichten. Das *instrumentum* ist das Gerät und Werkzeug, das Hilfs- und Beförderungsmittel – Mittel im allgemeinen. Die Technik gilt als etwas, womit der Mensch umgeht, was er in der Absicht auf einen Nutzen benützt. Die instrumentale Vorstellung von der Technik erlaubt, die bisherige Geschichte der Technik auf eine einleuchtende Weise einheitlich im Ganzen ihrer Entwicklung zu überschauen und zu beurteilen. Demgemäß kann man im Gesichtskreis der anthropologisch-instrumentalen Vorstellung von der Technik mit einem gewissen Recht behaupten, zwischen einem Steinbeil und dem neuesten Erzeugnis moderner Technik, dem ‹Telstar›, bestehe im Grunde kein wesentlicher Unterschied. Beides sind Instrumente, hergestellte Mittel für bestimmte Zwecke. Daß das Steinbeil ein primitives Werkzeug ist, der ‹Telstar› jedoch eine hochkomplizierte Apparatur, bedeutet zwar einen erheblichen gradweisen Unterschied, ändert jedoch an ihrem instrumentalen, d. h. technischen Charakter nichts. Jenes, das Steinbeil, dient zum Spalten und Behauen von weniger harten in der Natur vorfindlichen Körpern. Dieser, der Fernsehsatellit, dient als Schaltstelle für einen direkten transatlantischen Austausch von Fernsehprogrammen. Allerdings wird jedermann sich mit dem Hinweis beeilen, daß die erhebliche Verschiedenheit beider Instrumente es kaum mehr zulasse, beide Instrumente noch miteinander zu vergleichen, es sei denn, man begnüge sich damit, daß beide in einem ganz allgemein und leer gefaßten Instrumentalcharakter übereinkommen. Dadurch wird aber zugestanden, daß der Charakter des Instrumentalen nicht zureicht, das Eigene der modernen Technik und ihrer Erzeugnisse zu bestimmen. Indes bleibt die anthropologisch-instrumentale Vorstellung von der Technik so eingängig und so hartnäckig, daß man die unleugbare Verschiedenheit beider Instrumente durch den ungewöhnlichen Fortschritt der modernen Technik erklärt. Aber die anthropologisch-instrumentale Vorstellung von der Technik bleibt nicht nur beherrschend, weil sie sich zunächst und handgreiflich aufdrängt, sondern weil sie in ihrem Umkreis richtig ist. Diese Richtigkeit wird überdies noch dadurch bekräftigt und befestigt, daß das anthropologische Vorstellen nicht nur die Deutung der Technik bestimmt, sondern sich auf allen Gebieten als die maßgebende Denkweise vordrängt. Um so weniger läßt sich etwas unmittelbar gegen die Richtigkeit der anthropologisch-instrumentalen Vorstellung von der Technik einwenden. Und selbst wenn dies der Fall wäre, ließe sich dadurch die Frage nach der Technik nicht ins Reine bringen. Denn das Richtige ist nicht auch schon das Wahre, d. h. jenes, was uns das Eigenste einer Sache zeigt und verwahrt.

Wie aber sollen wir zum Eigensten der modernen Technik gelangen? Wie können wir die geläufige Vorstellung von der modernen Technik umdenken? Offenbar nur so, daß wir die Sache, die moderne Technik heißt, eigens in den Blick bringen, und zwar aus dem her, was heute *ist*.

Ein von da bestimmtes Umdenken einer so entscheidenden Vorstellung muß sich allerdings damit begnügen, eine Vermutung zu bleiben. Aber auch als Vermutung ist sie noch eine Zumutung an das gewohnte Meinen.

Um bei diesem Vorhaben auf einen geeigneten Weg zu gelangen, bedarf es zuvor einer kurzen Besinnung auf das Wort ‹Technik›. Es gehört mit zur heute herrschenden Denkweise, daß sie eine Besinnung auf das Wort, das eine Sache nennt, für äußerlich und darum für überflüssig hält – was indes kein zureichender Grund ist, eine solche Besinnung in den Wind zu schlagen oder gar sie zu unterlassen.

Das Wort ‹Technik› leitet sich her vom griechischen τεχνικόν. Dies meint solches, was zur τέχνη gehört. Dieses Wort bedeutet schon in der frühen griechischen Sprache dasselbe wie ἐπιστήμη – d. h. einer Sache vorstehen, sie verstehen. Τέχνη heißt: Sichauskennen in etwas, und zwar im Herstellen von etwas. Nun liegt aber für die echte Einsicht in die griechisch gedachte τέχνη ebenso wie für das gemäße Verständnis der späteren und modernen Technik alles daran, daß wir das griechische Wort in seinem griechischen Sinn denken und vermeiden, spätere und heutige Vorstellungen in das Wort hineinzudeuten. Τέχνη: das Sichauskennen im Herstellen.

Sichauskennen ist eine Art des Erkennens, Erkannthabens und Wissens. Der Grundzug des Erkennens liegt nach griechischer Erfahrung im Aufschließen, Offenbarmachen dessen, was als Anwesendes vorliegt. Insgleichen bedeutet das griechisch gedachte Her-stellen nicht so sehr das Verfertigen, Hantieren und Operieren, sondern das, was unser deutsches Wort ‹herstellen› wörtlich sagt: her, nämlich ins Offenbare stellen als etwas, was vordem nicht als Anwesendes vorlag.

Knapp und zugespitzt gesprochen: Τέχνη ist kein Begriff des Machens, sondern ein Begriff des Wissens. Τέχνη und somit Technik meint eigentlich: daß etwas ins Offenbare, Zugängliche und Verfügbare gestellt und als Anwesendes zu seinem Stand gebracht wird. Insofern nun in der Technik der Grundzug des Wissens waltet, bietet sie selbst von sich aus die Möglichkeit und Aufforderung, daß sich dieses ihr eigene Wissen noch eigens ausgestaltet, sobald eine ihm entsprechende Wissenschaft sich entfaltet und anbietet. Dies geschieht und geschieht im Verlauf der ganzen Menschheitsgeschichte einzig und allein innerhalb der Geschichte des europäischen Abendlandes im Beginn, oder besser gesagt, als Beginn derjenigen Epoche, die man die Neuzeit nennt.

Darum bedenken wir jetzt die Funktion und den Charakter der neuzeitlichen Naturwissenschaft innerhalb der modernen Technik bei dem Versuch, das Eigentliche der modernen Technik in den Blick zu bringen aus dem her, was heute *ist*. Die andere Erscheinung, die neben der hervorstechenden Rolle der Naturwissenschaft in die Augen springt, ist das Unaufhaltsame der schrankenlosen Herrschaft der modernen Technik. Vermutlich hängen beide Erscheinungen zusammen, weil sie die selbe Herkunft haben.

Im Sinne der geläufigen anthropologisch-instrumentalen

Vorstellung von der modernen Technik gilt diese als die praktische Anwendung der modernen Naturwissenschaft. Allerdings mehren sich sowohl von seiten der Physiker als auch von seiten der Techniker solche Stimmen, die eine Kennzeichnung der modernen Technik als angewandter Naturwissenschaft nun doch für unzureichend halten. Statt dessen spricht man jetzt von ‹gegenseitiger Unterstützung› im Verhältnis von Naturwissenschaft und Technik (Heisenberg). Zumal die Kernphysik sieht sich in eine Lage gebracht, die zu bestürzenden Feststellungen zwingt: daß nämlich die vom Beobachter im Experiment verwendete technische Apparatur mitbestimmt, was jeweils am Atom, d. h. an seinen Erscheinungen zugänglich ist und was nicht. Dies besagt jedoch nichts Geringeres als: Die Technik ist mitbestimmend im Erkennen. Dies kann sie nur sein, wenn ihr Eigenstes selbst etwas vom Erkenntnischarakter an sich hat. Indes denkt man so weit nicht, sondern man begnügt sich mit der Feststellung eines Wechselverhältnisses von Naturwissenschaft und Technik. Man nennt beide ein ‹Zwillingspaar›, womit nichts gesagt ist, solange nicht ihre gemeinsame Herkunft bedacht wird. Mit dem Hinweis auf das Wechselverhältnis beider kommt man zwar dem Sachverhalt näher, so zwar, daß er jetzt erst recht rätselhaft und darum fragwürdig wird. Ein Wechselverhältnis zwischen Naturwissenschaft und Technik kann nur bestehen, wenn beide gleichgeordnet sind, wenn die Wissenschaft weder nur die Grundlage der Technik, noch die Technik nur die Anwendung der Wissenschaft ist. Rot und Grün sind gleich, insofern sie miteinander übereinkommen im Hinblick auf das Selbe, daß sie eigentlich Farben sind.

Was ist nun dasjenige, worin die moderne Naturwissenschaft und die moderne Technik übereinkommen und so das

Selbe sind? Was ist das Eigentliche beider? Um dies ungefähr wenigstens in den Blick zu bringen, ist es nötig, das Neue der neuzeitlichen Naturwissenschaft zu bedenken. Diese wird, mehr oder weniger bewußt, von der leitenden Frage bestimmt: Wie muß die Natur als Gegenstandsgebiet zum voraus entworfen werden, damit die Naturvorgänge zum voraus berechenbar sind? In dieser Frage liegt ein Zwiefaches beschlossen: einmal eine Entscheidung über den Charakter der Wirklichkeit der Natur. Max Planck, der Begründer der Quantenphysik, hat diese Entscheidung in einem kurzen Satz ausgesprochen: ‹Wirklich ist, was sich messen läßt.› Nur was vorausberechenbar ist, gilt als seiend. Zum anderen enthält die leitende Fragestellung der Naturwissenschaft den Grundsatz des Vorrangs der Methode, d. h. des Vorgehens gegenüber dem, *was* in solchem Vorgehen gegen die Natur jeweils als ausgewiesener Gegenstand sichergestellt ist. Ein Kennzeichen dieses Vorrangs liegt darin, daß in der theoretischen Physik die Widerspruchsfreiheit der Sätze und die Symmetrie der Grundgleichungen im vorhinein maßgebend bleiben. Durch den in der theoretischen Physik sich vollziehenden mathematischen Entwurf der Natur und durch das diesem Entwurf gemäße experimentelle Befragen der Natur wird diese nach bestimmten Hinsichten zu Antworten herausgefordert, gleichsam zur Rede gestellt. Die Natur wird daraufhin gestellt, sich in einer berechenbaren Gegenständlichkeit zu zeigen (Kant).

Allein, gerade dieses herausfordernde Stellen ist zugleich der Grundzug der modernen Technik. Sie stellt an die Natur das Ansinnen, Energie zu liefern. Es gilt, diese im wörtlichen Sinne bei- und her-zustellen, verfügbar zu machen. Dieses die moderne Technik durchwaltende Stellen entfaltet sich in verschiedene, unter sich zusammenhängende Phasen und Formen. Die in der Natur verschlossene Energie wird aufgeschlossen, das Erschlossene wird umgeformt, das Umgeformte verstärkt, das Verstärkte gespeichert, das Gespeicherte verteilt. Diese Weisen, nach denen die Naturenergie sichergestellt wird, sind gesteuert, welche Steuerung ihrerseits sich wieder sichern muß.

Durch das Gesagte legt sich der Gedanke nahe, die neuzeitliche Naturwissenschaft, ihr betrachtend-beschreibendes Stellen der Natur auf eine berechenbare Gegenständlichkeit hin, könnte eine Spielart der modernen Technik sein. Dann müßte die geläufige Vorstellung vom Verhältnis der Naturwissenschaft und Technik umgekehrt werden: Nicht die Naturwissenschaft ist die Grundlage der Technik, sondern die moderne Technik ist der tragende Grundzug der modernen Naturwissenschaft. Wenngleich die Umkehrung der Sache näher kommt, trifft sie nicht ihren Kern. Im Hinblick auf das Verhältnis der modernen Naturwissenschaft und der modernen Technik gilt es zu bedenken, daß das Eigenste beider, ihre gemeinsame Herkunft, sich in dem verbirgt, was wir das herausfordernde Stellen nannten. Was aber ist dieses selbst? Doch offenkundig ein Tun des Menschen, das vorstellende, herstellende Vorgehen des Menschen gegen die Natur. Durch die jetzt gewonnene Auslegung der modernen Technik wird somit die anthropologische Vorstellung von der Technik nicht nur in ihrem Recht bestätigt, sondern bekräftigt. Oder sollte diese Vorstellung durch das jetzt Gewiesene durchaus fraglich werden? Wir müssen die Antwort zurückstellen, bis wir zuvor die andere Erscheinung der modernen Technik bedacht haben: das ist das *Unaufhaltsame ihrer schrankenlosen Herrschaft.*

Schon der bis vor kurzem häufig geäußerte Notruf, der Gang der Technik müsse gemeistert, ihr immer stärkeres

Drängen nach neuen Entwicklungsmöglichkeiten müsse unter Kontrolle gebracht werden, bezeugt allzu deutlich, daß hier die Befürchtung laut wird, in der modernen Technik könnte ein Anspruch sprechen, dessen Durchsetzung der Mensch weder aufzuhalten noch gar im ganzen zu übersehen und zu bewältigen vermöge. Inzwischen aber – und dies ist vor allem bedeutsam – verstummen diese Notrufe mehr und mehr; was keineswegs besagt, der Mensch habe nun den Gang der Technik sicher in die Hand bekommen. Das Schweigen verrät vielmehr, daß sich der Mensch dem Machtanspruch der Technik gegenüber in die Rat- und Hilflosigkeit verstoßen sieht, d. h. in die Notwendigkeit, das Unaufhaltsame der Herrschaft der Technik schlechtweg, ob ausdrücklich oder unausdrücklich, zu bejahen. Hält man sich vollends bei dieser Bejahung des Unausweichlichen an die gängige instrumentale Vorstellung von der Technik, dann sagt dies: Man bejaht die Herrschaft eines Vorgangs, der sich darauf beschränkt, fortgesetzt Mittel bereitzustellen, ohne sich dabei an irgend eine Setzung von Zwecken zu kehren.

Aber inzwischen hat sich gezeigt, daß die Zweck-Mittel-Vorstellung das Eigenste der Technik überhaupt nicht trifft. Ihr Eigentliches besteht darin, daß in ihr der Anspruch spricht, die Natur auf die Beistellung und Sicherung von Naturenergie herauszufordern. Dieser Anspruch ist mächtiger als jede menschliche Zwecksetzung. Ihn bejahen heißt nichts Geringeres als: ein Geheimnis im Walten dessen, was heute ist, anerkennen; heißt: einem Anspruch, der über den Menschen, über dessen Planen und Betreiben hinausliegt, entsprechen. Das Eigenste der modernen Technik ist kein bloß menschliches Gemächte. Der heutige Mensch ist selbst von dem Anspruch herausgefordert, die Natur auf die Bereitstellung herauszufordern. Der Mensch selbst ist gestellt, ist daraufhin angesprochen, dem genannten Anspruch zu entsprechen.

Wir kommen dem Geheimnis dessen, was heute in der technisch bestimmten Welt in Wahrheit *ist,* näher, wenn wir den im Eigentlichen der modernen Technik sprechenden Anspruch an den Menschen, die Natur auf ihre Energie herauszufordern, einfach anerkennen, statt vor ihm durch ohnmächtige, nur auf die Wahrung der Humanität beschränkte Zielsetzungen auszuweichen.

Doch – was hat dies alles mit der Sprache zu tun? Inwiefern wird es nötig, von der Techniker-Sprache, d. h. von einer durch das Eigenste der Technik bestimmten technischen Sprache zu sprechen? Was ist die Sprache, daß gerade sie auf eine besondere Weise dem Herrschaftsanspruch der Technik ausgesetzt bleibt?

Sprache

Von alters her gilt die Lehre, der Mensch sei im Unterschied zu Pflanze und Tier das sprachfähige Wesen. Dieser Satz meint nicht nur, der Mensch besitze neben anderen Fähigkeiten auch diejenige, zu sprechen. Der Satz will sagen: erst die Sprache befähige den Menschen, dasjenige Lebewesen zu sein, das er als Mensch ist. Als der Sprechende ist der Mensch: Mensch. Doch wer oder was ist der Mensch? Und was heißt sprechen? Es genügt, diese beiden Fragen nur zu nennen, um erkennen zu lassen, daß sich hier eine unübersehbare Fülle des Fragwürdigen auftut. Aber beunruhigender noch als diese Fülle bleibt der Umstand, daß es von vornherein an einem verläßlichen

Leitfaden fehlt, dem entlang die genannten Fragen sich auf eine sachgerechte Weise entfalten ließen. Darum halten wir uns auch hier bei der Sprache, wie bei der Technik, zunächst an die gängigen Vorstellungen.

Sprechen ist: 1. eine Fähigkeit, Tätigkeit und Leistung des Menschen.

Es ist: 2. die Betätigung der Werkzeuge der Verlautbarung und des Gehörs.

Sprechen ist: 3. Ausdruck und Mitteilung der von Gedanken geleiteten Gemütsbewegungen im Dienste der Verständigung.

Sprechen ist: 4. ein Vorstellen und Darstellen des Wirklichen und Unwirklichen.

Diese vier in sich selber noch mehrdeutigen Kennzeichnungen der Sprache hat dann Wilhelm v. Humboldt auf einen tieferen Grund gegründet und so das ganze Sprachwesen umfassender bestimmt. Es genüge, aus seinen Betrachtungen über die Sprache den einzigen Satz anzuführen:

‹Wenn in der Seele wahrhaft das Gefühl erwacht, daß die Sprache nicht bloß ein Austauschmittel zu gegenseitigem Verständnis, sondern eine wahre *Welt* ist, welche der *Geist* zwischen sich und die *Gegenstände* durch die innere Arbeit seiner Kraft setzen muß, so ist sie [die Seele] auf dem wahren Wege, immer mehr in ihr [nämlich in der Sprache als Welt] zu finden und in sie zu legen.›[3]

Der Satz Humboldts enthält eine negative und eine positive Aussage. Die positive sagt: Jede Sprache ist eine Weltansicht, nämlich diejenige des Volkes, das sie spricht. Die Sprache ist die Zwischenwelt zwischen dem Geist des Menschen und den Gegenständen. Die Sprache ist der Ausdruck dieses Zwischen von Subjekt und Objekt. Erst in jüngster Zeit wird Wilhelm v. Humboldts entscheidende Einsicht in das Sprachwesen innerhalb der Sprach- und Literaturwissenschaft wirksam. Verwiesen sei auf die Untersuchungen von Leo Weisgerber und seiner Schule, insgleichen auf das bedeutsame Buch des Kultusministers Gerhard Storz ‹Sprache und Dichtung› (1957)[4].

Die negative Aussage in Wilhelm v. Humboldts Satz betont: Die Sprache ist kein bloßes Austauschungs- und Verständigungsmittel. Allein, gerade diese geläufige Vorstellung von der Sprache erfährt durch die Herrschaft der modernen Technik nicht nur eine neue Belebung, sondern eine Verfestigung und einseitige Aufsteigerung ins Äußerste. Sie schlägt sich in dem Satz nieder: Sprache ist Information.

Nun könnte man meinen, die technische Deutung der Sprache als Mittel der Mitteilung und Benachrichtigung sei selbstverständlich, insofern die Technik sich selber als ein Mittel verstehe und alles nur nach dieser Hinsicht vorstelle. Aber im Lichte des bisher über das Eigentliche der Technik und der Sprache Erörterten bleibt diese Erklärung an der Oberfläche. Wir müssen statt dessen fragen: Inwiefern kommt auch und gerade in der Umprägung der Sprache zur bloßen Information das Eigene der modernen Technik zur Geltung, daß sie den Menschen zur Bereitstellung und Sicherstellung der Naturenergie herausfordert, d.h. stellt? Inwiefern liegt im Sprachwesen selber gleichwohl die Angriffsfläche und Möglichkeit für die Umprägung zur technischen Sprache, d.h. zur Information?

Um diese Fragen auch nur im groben zu beantworten, ist zweierlei nötig: Einmal bedarf es der hinreichenden Bestimmung des Eigenen der Sprache, d.h. dessen, was das Sprechen des Menschen eigentlich ist. Zum anderen muß hinreichend genau umgrenzt werden, was Information im streng technischen Sinne meint.

Wenngleich Wilhelm v. Humboldts Deutung der Sprache als Weltansicht eine fruchtbare Erkenntnis gebracht hat, läßt sie doch im Unbestimmten, was das Eigene der Sprache, das Sprechen selber ist. Aus Gründen, deren Erörterung hier übergangen werden muß, bleibt Wilhelm v. Humboldt bei der Kennzeichnung der Sprache als Ausdruck, nämlich eines Inneren, d. h. des Gemüts, durch ein Äußeres – die Verlautbarung und Schrift – stehen.

Sprechen aber ist eigentlich Sagen. Jemand spricht unaufhörlich, und sein Sprechen bleibt nichtssagend. Wogegen ein Schweigen vielsagend sein kann. Doch was heißt ‹sagen›? Wir erfahren es, wenn wir darauf achten, was uns die eigene Sprache bei diesem Wort zu denken gibt. ‹Sagan› heißt zeigen. Und was heißt zeigen? Es heißt: etwas sehen und hören lassen, etwas zum Erscheinen bringen. Das Ungesagte ist das noch nicht Gezeigte, noch nicht ins Erscheinen Gelangte. Zum Erscheinen aber kommt durch das Sagen Anwesendes, daß und wie es anwest; zum Erscheinen kommt im Sagen auch das Abwesende als ein solches. Eigentlich sagen, d. h. zeigen, d. h. erscheinenlassen, kann nun aber der Mensch nur solches, was sich selber ihm zeigt, was von sich her erscheint, sich offenbart und sich zuspricht.

Nun kann aber auch das Sagen als Zeigen so vorgestellt und vollzogen werden, daß Zeigen nur heißt: Zeichen geben. Das Zeichen wird dann zur Meldung und zur Nachricht über etwas, was sich selbst nicht zeigt. Ein erklingender Ton, ein aufblitzendes Licht sind für sich genommen keine Zeichen. Sie werden erst zu solchen hergestellt und bestellt, wenn zuvor verabredet, d. h. gesagt ist, was sie jeweils bedeuten sollen.

Denken wir an die Morsezeichen, die auf Punkt und Strich, deren Anzahl und Anordnung beschränkt und dabei den Lautgebilden der Sprachlaute zugeordnet sind. Das einzelne Zeichen kann je nur eine von zwei Gestalten, Punkt oder Strich, haben. Hier vollzieht die Rückführung der Zeichenfolge auf eine solche von Ja-Nein-Entscheidungen, zu deren Herstellung Maschinen bestellt werden, deren Stromfolgen und Stromstöße das Schema der abstrakten Zeichengebung ausführen und die entsprechenden Meldungen liefern. Damit nun eine solche Art von Nachricht möglich wird, muß jedes Zeichen eindeutig definiert sein; insgleichen muß jede ihrer Zusammenstellungen eindeutig eine bestimmte Aussage bedeuten. Der einzige Charakter der Sprache, der in der Information übrig bleibt, ist die abstrakte Form der Schrift, die auf die Formeln eines Logikkalküls umgeschrieben wird. Die dabei notwendig geforderte Eindeutigkeit der Zeichen und Formeln sichert die Möglichkeit der sicheren und schnellen Mitteilung.

Auf den technisch-rechnerischen Prinzipien dieser Umformung der Sprache als Sagen zur Sprache als bloß zeichengebender Meldung beruhen der Bau und die Leistung der Großrechenanlagen. Das für unsere Besinnung Entscheidende liegt darin, daß von den technischen Möglichkeiten der Maschine die Vorschrift gestellt wird, wie die Sprache noch Sprache sein kann und sein soll. Art und Charakter der Sprache bestimmen sich nach den technischen Möglichkeiten der formalen Zeichengebung, die eine Folge fortgesetzter Ja-Nein-Entscheidungen in der größtmöglichen Schnelligkeit ausführt. Welche Programme der Rechenmaschine eingegeben werden können, womit sie, wie man sagt, gefüttert werden kann, richtet sich nach dem Bau und der Leistungsfähigkeit der Maschine. Die

Art der Sprache wird durch die Technik bestimmt. Aber gilt auch nicht das Umgekehrte: Der Bau der Maschine richtet sich nach den sprachlichen Aufgaben, z. B. solchen der Übersetzung? Aber auch so sind die sprachlichen Aufgaben im vorhinein und grundsätzlich an die Maschine gebunden, die überall die Eindeutigkeit der Zeichen und der Zeichenfolge fordert. Darum läßt sich ein Gedicht grundsätzlich nicht programmieren.

Mit der unbedingten Herrschaft der modernen Technik steigert sich die Macht – der Anspruch sowohl wie die Leistung – der zur größtmöglichen Informationsbreite eingerichteten technischen Sprache. Weil diese in Systemen des formalisierten Meldens und Zeichengebens verläuft, ist die technische Sprache der schärfste und bedrohlichste Angriff auf das Eigentliche der Sprache: das *Sagen* als das Zeigen und Erscheinenlassen des Anwesenden und Abwesenden, der Wirklichkeit im weitesten Sinne.

Sofern aber das Verhältnis des Menschen sowohl zu dem Seienden, das ihn umgibt und trägt, als auch zu dem Seienden, das er selbst ist, im Erscheinenlassen, im gesprochenen und ungesprochenen *Sagen* beruht, ist der Angriff der technischen Sprache auf das Eigentliche der Sprache zugleich die Bedrohung des eigensten Wesens des Menschen.

Hält man im Sinne der alles bestimmenden Herrschaft der Technik die Information wegen ihrer Eindeutigkeit, Sicherheit und Schnelligkeit der Vermittlung von Nachrichten und Anweisungen für die höchste Form der Sprache, dann ergibt sich daraus auch die entsprechende Auffassung des Menschseins und des menschlichen Lebens. So lesen wir bei Norbert Wiener, einem der Begründer der Kybernetik, d. h. der am weitesten ausgreifenden Disziplin der modernen Technik: ‹Die ganze Welt sehen und der ganzen Welt Befehle erteilen, ist fast das gleiche wie überall zu sein.› (‹Mensch und Menschmaschine›[5], S. 95). Und an anderer Stelle: ‹Tätig leben heißt mit angemessener Information leben› (a. a. O., S. 114).

Im Gesichtskreis der informationstheoretischen Vorstellung der Sprache und des Menschen wird dann auch eine Tätigkeit wie das Lernen technisch ausgelegt. So schreibt Norbert Wiener: ‹Lernen ist seinem Wesen nach eine Form der Rückkopplung, bei der das Verhaltensschema durch die vorangegangene Erfahrung abgewandelt wird› (a. a. O., S. 63). ‹Rückkopplung ist... ein sehr allgemeines Charakteristikum von Verhaltensformen› (ebd.). ‹Rückmeldung ist die Steuerung eines Systems durch Wiedereinschalten seiner Arbeitsergebnisse in das System selbst› (a. a. O., S. 65).

Den technischen Prozeß der Rückkopplung, der durch den Reglerkreis gekennzeichnet ist, leistet eine Maschine ebenso gut – wenn nicht technisch überlegener – als das Meldesystem der menschlichen Sprache. Darum ist der letzte Schritt, wenn nicht gar der erste, aller technischen Theorien der Sprache zu erklären, ‹daß die Sprache nicht eine ausschließlich dem Menschen vorbehaltene Eigenschaft ist, sondern eine, die er bis zu einem gewissen Grade mit den von ihm entwickelten Maschinen teilt› (Wiener, a. a. O., S. 78). Ein solcher Satz ist möglich unter der Voraussetzung, daß das Eigentliche der Sprache auf das bloße Zeichengeben, das Melden reduziert, d. h. verkümmert wird.

Indessen stößt auch die Informationstheorie der Sprache notwendig an eine Grenze. Denn ‹jeder Versuch, einen Teil der Sprache (durch Formalisierung in ein Zeichensystem) eindeutig zu machen, setzt schon den Gebrauch der natürlichen Sprache voraus, auch so weit sie nicht eindeutig ist› (C. Fr.

v. Weizsäcker, ‹Sprache als Information›). Immer bleibt noch die ‹natürliche›, d. h. die nicht erst technisch erfundene und bestellte Sprache erhalten und gleichsam im Rücken aller technischen Umformung des Sprachwesens.

Was hier die ‹natürliche› Sprache genannt wird – die nicht technisierte Umgangssprache –, heißt im Titel des Vortrags die überlieferte Sprache. Überlieferung ist nicht bloße Weitergabe, sie ist Bewahrung des Anfänglichen, ist Verwahrung neuer Möglichkeiten der schon gesprochenen Sprache. Diese selbst enthält und schenkt das Ungesprochene. Die Überlieferung der Sprache wird durch die Sprache selbst vollzogen, und zwar in der Weise, daß sie den Menschen dafür in Anspruch nimmt, aus der aufbehaltenen Sprache her die Welt neu zu sagen und damit Noch-nicht-geschautes zum Scheinen zu bringen. Dies aber ist der Beruf der Dichter.

Der Titel des Vortrags ‹Überlieferte Sprache und technische Sprache› nennt somit nicht nur einen Gegensatz. Hinter dem Titel des Vortrags verbirgt sich der Hinweis auf eine ständig wachsende Gefahr, die den Menschen im Innersten seines Wesens bedroht – nämlich in seinem Verhältnis zum Ganzen dessen, was gewesen, was im Kommen, was gegenwärtig *ist*. Was zunächst nur wie ein Unterschied von zwei Arten der Sprache aussieht, erweist sich als ein über dem Menschen waltendes Geschehen, das nichts Geringeres als das Weltverhältnis des Menschen angeht und erschüttert. Es ist ein Weltleben, dessen Stöße der heutige Mensch kaum beachtet, weil er fortgesetzt mit den neuesten Informationen zugedeckt wird.

Darum wäre zu überlegen, ob der Unterricht in der Muttersprache angesichts der Mächte des Industriezeitalters nicht etwas ganz anderes ist als nur etwas allgemein Bildendes gegenüber der Fachausbildung. Zu bedenken wäre, ob dieser Sprachunterricht statt einer Bildung nicht eher eine Besinnung sein müßte, nämlich auf die Gefahr, die die Sprache und d. h. das Verhältnis des Menschen zur Sprache bedroht, eine Besinnung aber zugleich auf das Rettende, das sich im Geheimnis der Sprache verbirgt, sofern sie uns immer auch in die Nähe des Ungesprochenen und des Unaussprechlichen bringt.

Anmerkungen

[1] David Riesmann, Die einsame Masse. Rowohlts Deutsche Enzyklopädie Nr. 72/73, Hamburg 1958, mit einer Einführung von Helmut Schelsky. Vgl. da S. 13.

[2] Dschuang-Dsï, Das wahre Buch vom südlichen Blütenland. Aus dem Chinesischen verdeutscht und erläutert von Richard Wilhelm. Eugen Diederichs, Jena 1923, S. 7. Vgl. S. 33 ff.

[3] Wilhelm von Humboldt, Über die Verschiedenheit des menschlichen Sprachbaues und ihren Einfluß auf die geistige Entwicklung des Menschengeschlechtes (Berlin 1836). Faksimile-Druck nach Dümmlers Original-Ausgabe von 1836. Ferd. Dümmlers Verlag, Bonn 1960. § 20, S. CCXXI.

[4] Gerhard Storz, Sprache und Dichtung. Kösel-Verlag, München 1957.

[5] Norbert Wiener, Mensch und Menschmaschine. Metzner Verlag, Frankfurt am Main 1952.

[6] Carl Friedrich von Weizsäcker, Sprache als Information, in: Die Sprache, Fünfte Folge des Jahrbuchs Gestalt und Gedanke. Verlag R. Oldenbourg, München 1959, S. 70.

Nachbemerkung des Herausgebers

Diese Schrift gibt den bisher unveröffentlichten, im Deutschen Literaturarchiv in Marbach handschriftlich vorliegenden Text des Vortrages wieder, den Martin Heidegger am 18. Juli 1962 bei einem Lehrgang für wissenschaftliche Lehrer an Gewerbeschulen an der Staatlichen Akademie für Lehrerfortbildung auf der Comburg (Schwäbisch Hall) gehalten hat. Der Vortrag war auf Anregung und durch Vermittlung des Sohns von Martin Heidegger, Jörg Heidegger, damals als Diplom-Ingenieur Studienrat an einer Gewerbeschule, zustandegekommen.

Bei der Wiedergabe des Textes wurden offensichtliche Versehen des Autors stillschweigend berichtigt. Heidegger-eigentümliche Schreibweisen wurden beibehalten.

Die Anmerkungen sind vom Herausgeber gesetzt worden.

Dem Deutschen Literaturarchiv in Marbach, insbesondere Frau Dr. Brigitte Schillbach, danke ich für hilfreiche Unterstützung herzlich.

Attental, im März 1989 *Hermann Heidegger*

© 1989 by Erker-Verlag, Franz Larese und Jürg Janett,
Gallusstraße 32, CH-9000 St. Gallen
Alle Rechte vorbehalten
Gesamtherstellung: Tschudi, Druck und Verlag AG, Glarus
ISBN 3-905545-91-8